Dálmata

Julie Murray

Abdo PERROS Kids

Abdo Kids Jumbo es una subdivisión de Abdo Kids
abdobooks.com

abdobooks.com

Published by Abdo Kids, a division of ABDO, P.O. Box 398166, Minneapolis, Minnesota 55439.

Printed in China

102024

012025

THIS BOOK CONTAINS
RECYCLED MATERIALS

Spanish Translator: Maria Puchol

Photo Credits: Alamy, Getty Images, Shutterstock, Thinkstock

Production Contributors: Teddy Borth, Jennie Forsberg, Grace Hansen
Design Contributors: Candice Keimig, Pakou Moua

Library of Congress Control Number: 2024939025

Publisher's Cataloging-in-Publication Data

Names: Murray, Julie, author.

Title: Dálmata/ by Julie Murray.

Other title: Dalmatians. Spanish

Description: Minneapolis, Minnesota: Abdo Kids, 2025. | Series: Perros | Includes online resources and index

Identifiers: ISBN 9798384904335 (lib.bdg.) | ISBN 9798384904892 (ebook)

Subjects: LCSH: Dalmatian dog--Juvenile literature. | Hunting dogs--Juvenile literature. | Dogs--Juvenile literature. | Dogs--Behavior--Juvenile literature. | Animal behavior--Juvenile literature. | Spanish language materials--Juvenile literature.

Classification: DDC 599.772--dc23

Contenido

Los dálmatas 4

Cuidados 14

Ejercicio 16

Personalidad 18

Más datos 22

Glosario 23

Índice 24

Código Abdo Kids 24

Los dálmatas

Los dálmatas han sido amigos del hombre desde hace miles de años. Pueden verse perros de manchas en pinturas del antiguo Egipto. Estas pinturas tienen más de 5500 años de antigüedad.

Europa
Asia
África
Egipto

En el siglo XIX, fueron populares en Europa como perros guardianes. Acompañaban a los carruajes de caballos y hacían guardia en las paradas del camino.

Los dálmatas se hicieron populares en los parques de bomberos de Estados Unidos a finales del siglo XIX. Además de vigilar sus camiones, estos perros ayudaban a despejar las calles cuando se recibía una llamada de incendio.

Su cuerpo es delgado y musculoso. Miden alrededor de dos pies de alto (0.61 cm). Pueden llegar a pesar 75 libras (34 kg). Tienen la cola larga y fina.

El pelo del dálmata es **liso**, brillante y de color blanco con manchas oscuras. ¡No hay dos dálmatas con el mismo patrón de manchas!

Cuidados

Los dálmatas están continuamente **mudando pelo**. Necesitan un cepillado frecuente, llevar las uñas cortas y también las orejas limpias.

Ejercicio

Son perros activos y necesitan hacer ejercicio a diario. Les encanta correr y jugar con sus dueños. Un gran jardín cercado es una buena zona de juego para ellos.

Personalidad

Son cariñosos y **leales**. No les gusta que los dejen solos durante mucho tiempo. Les gusta recibir cariño y atención de sus dueños.

Son excelentes mascotas. Se llevan muy bien con otros animales. Si están bien entrenados, pueden ser buenos perros guardianes.

Más datos

- Su nombre proviene de una región de Croacia llamada Dalmacia.
- Nacen todos blancos y las manchas les aparecen a los dos meses de edad.
- La asociación *American Kennel Club* reconoció la raza en 1888. Son miembros del grupo no deportistas.

Glosario

leal – mostrar devoción y lealtad a alguien.

liso – lacio, no ondulado.

mudar pelo – perder o soltar pelo.

Índice

antiguo Egipto 4

carruajes 6

cola 10

color 12

cuerpo 10

cuidados 14

ejercicio 16

entrenamiento 20

Estados Unidos 8

Europa 6

historia 4, 6, 8

parque de bomberos 8

pelaje 12, 14

personalidad 18, 20

tamaño 10

vigilar 6, 8, 20